# Pedágio
# Mitos e Fatos



5ª edição, revista e atualizada
Agosto de 2017

ABCR
Associação Brasileira de
Concessionárias de Rodovias

# Pedágio
# Mitos e Fatos

ABCR
Associação Brasileira de
Concessionárias de Rodovias

## ÍNDICE

**Apresentação**, por César Borges, presidente da ABCR ..................................... 7

**Mito 1** – Não há justificativa para as grandes diferenças no valor das tarifas.. 9

**Mito 2** – Concessionárias deveriam ouvir usuários para definir praças ......... 10

**Mito 3** – Deveria haver menos praças de pedágio ........................................ 11

**Mito 4** – Cada um deveria pagar apenas pelos quilômetros percorridos ...... 12

**Mito 5** – Morador de município onde existe praça não deve pagar pedágio. 13

**Mito 6** – Pedágio encarece as mercadorias e isso prejudica a todos ............ 14

**Mito 7** – Concessionárias não devem definir data e índice de reajuste da tarifa .. 15

**Mito 8** – Rodovias de pista simples não deveriam ter pedágio...................... 16

**Mito 9** – Pedágio desrespeita o direito constitucional de ir e vir .................. 17

**Mito 10** – Municípios podem proibir praças de pedágio em seu território ... 18

**Mito 11** – Pedágio atrasa o desenvolvimento das cidades e das regiões. 19

**Mito 12** – Concessionárias devem pagar atendimento médico nos municípios..... 20

**Mito 13** – Concessionárias de rodovias não devem ter lucros altos ............. 21

**Mito 14** – Falta transparência em licitações, contratos e resultados .... 22

**Mito 15** – Falta fiscalização sobre o desempenho das concessionárias......... 23

**Mito 16** – As pessoas têm direito a buscar formas de não pagar pedágio..... 24

**Mito 17** – Mesmo com cobrança, há rodovias pedagiadas em mau estado .. 25

**Mito 18** – Concessionárias deveriam controlar o peso dos caminhões ......... 26

**Mito 19** – Concessionárias deveriam evitar a imprudência de usuários........ **27**

**Mito 20** – Concessionárias não cumprem corretamente os contratos .......... **28**

**Mito 21** – Concessionárias deveriam utilizar tecnologias mais modernas .... **29**

**Mito 22** – Não deve haver pedágio, pois já se paga o IPVA e a CIDE............. **30**

**Mito 23** – Cobrança eletrônica deveria reduzir a tarifa de pedágio.............. **31**

**Mito 24** – Motos não afetam o pavimento e não deveriam pagar pedágio... **32**

**Mito 25** – Ouvidorias não atendem queixas e reclamações de usuários....... **33**

**Mito 26** – Não deveria ser permitido cercar a cidade com praças de pedágio. **34**

**Mito 27** – O justo é não cobrar pelo eixo suspenso do caminhão ................ **35**

**Mito 28** – Serviços de atendimento aumentam a tarifa e não são importantes . **36**

**Mito 29** – Sem nota fiscal ou recibo, falta fiscalização ......................... **37**

**Mito 30** – O Código do Consumidor deve ser aplicado às concessionárias ... **38**

**Mito 31** – Há riscos por sinalização precária nas obras das concessionárias. **39**

**Mito 32** – Concessionárias deveriam impedir animais soltos nas pistas........ **40**

**Mito 33** – Quando há filas muito longas nas cabines o pedágio deve ser liberado **41**

**Mito 34** – Usuários constantes deveriam ter desconto na tarifa .................. **42**

**Mito 35** – Prorrogação do contrato só beneficia a concessionária ............... **43**

**Glossário** – Termos usados...................................................................... **44**

Concessionárias associadas à ABCR ......................................................... **46**

# APRESENTAÇÃO

## Rodovias pedagiadas são essenciais para o progresso do País

O crescimento do transporte de mercadorias e as viagens de negócios ou com finalidades turísticas exigem boas rodovias, que permitam atingir os pontos desejados com segurança e sem delongas desnecessárias. Para atingir esse objetivo, são necessários contínuos investimentos em modernização e ampliação da infraestrutura rodoviária, que no Brasil é bastante limitada. Basta ver que, entre as 20 maiores economias mundiais, nosso País tem a menor relação de quilômetros pavimentados em relação à área total.

O aumento das despesas dos governos com saúde, aposentadoria, segurança e justiça vem tornando inviável, em todo o mundo, a construção pelo poder público de novos trechos de rodovias e a própria conservação e melhoria das existentes, o que antes era feito com tributos diretos ou via dotações orçamentárias. A solução encontrada em mais de 70 países, de diferentes regimes e condições, dos Estados Unidos à Alemanha, do Japão à China, tem sido a adoção do pedágio, dentro do conceito de Quem Usa Paga. Esse aspecto é ainda mais relevante no Brasil, em que mais de 60% da população não usa rodovias ou, quando o faz, é transportada por veículos coletivos.

A cobrança de tarifa dos usuários de rodovias é similar ao que ocorre com outros serviços públicos ou de utilidade pública: energia, água, telefone, gás etc. No Brasil, essa responsabilidade foi atribuída à iniciativa privada por meio de concessões por tempo determinado, de trechos existentes ou a desenvolver. A base da atividade foi a Lei de Concessões aprovada durante o governo do presidente Itamar Franco, em 1993.

Os resultados vêm sendo muito efetivos, tanto na ampliação da rede rodoviária quanto em sua modernização e manutenção, como mostram as pesquisas anuais da CNT – Confederação Nacional do Transporte, que classificam sempre as rodovias concedidas como as melhores do País. Contamos atualmente com trechos rodoviários concedidos em mais de metade dos estados brasileiros, incluindo concessões federais, estaduais e municipais.

A grande maioria dos usuários reconhece a qualidade e a boa gestão e operação das rodovias concedidas. Persistem, entretanto, em determinados grupos, dúvidas no que se refere ao pedágio, que são exploradas política e ideologicamente por adversários da iniciativa privada ou políticos que encontram no tema motivação para campanhas eleitorais negativas contra a existência do pedágio.

Essas críticas são baseadas em Mitos ou informações distorcidas, que buscamos esclarecer mostrando os Fatos reais nesta edição, que dá continuidade e atualiza as quatro anteriores, que somaram mais de 12.000 exemplares. Esperamos com este livreto reduzir as controvérsias e deixar claras as dúvidas sobre o pedágio e sua importância para o País.

A Associação Brasileira de Concessionárias de Rodovias – ABCR, como entidade representativa de empresas prestadoras de um serviço de utilidade pública, entende que é parte de sua responsabilidade manter os usuários bem informados sobre o Programa Brasileiro de Concessão de Rodovias e sua importância para o desenvolvimento brasileiro.

**César Borges**
**Presidente-Executivo da ABCR**

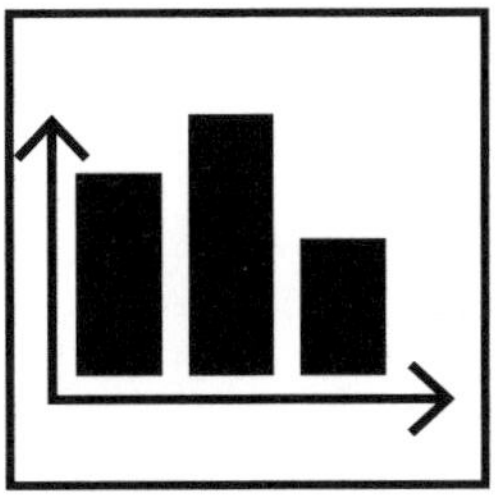

**Mito 1**

*Não há justificativa para as grandes diferenças no valor das tarifas*

**Fato**

*As características de cada contrato de concessão e a época em que foi assinado explicam a diferença*

A tarifa se destina a cobrir os investimentos nas obras a serem realizadas e os custos da operação da rodovia, assim como ao pagamento dos impostos definidos pelo Programa de Concessão e à remuneração de investidores e financiadores. Além disso, em algumas concessões o poder concedente (governo) cobra um valor inicial do concessionário, o chamado ônus da concessão ou valor de outorga, enquanto em outras existe a obrigação de restaurar e manter vias de acesso, o que encarece a tarifa. Há também as concessões patrocinadas (PPPs), em que o governo cobre parte dos custos. Esses diferentes modelos são a primeira razão da diversidade entre as tarifas. Uma segunda razão é a previsão de fluxo de veículos pelo trecho, pois maior tráfego permite que cada um pague menos. Também a localização das praças de pedágio influi, pois, se muitos usuários usam um trecho sem passar numa delas, eles não pagam e a divisão é feita por menos veículos.

Um terceiro fator da desigualdade é o volume de obras previstas: quanto mais obras, como duplicações, ampliações, acessos, vias marginais, passarelas etc., maior a tarifa para cobrir o investimento. A qualidade da operação exigida também tem forte impacto no valor: socorro mecânico, atendimento pré-hospitalar, supervisão eletrônica das pistas etc. E, ainda, menor prazo da concessão exige valor maior para o equilíbrio do contrato.

A época das licitações é o quarto fator de impacto. As primeiras foram feitas na década de 1990, em ambiente institucional desfavorável: alta inflação, juros elevados, pouca disponibilidade de crédito, que aumentaram muito a previsão de custos e as tarifas ofertadas. Havia também riscos regulatórios e judiciais maiores, pela inexperiência com o repasse da operação de rodovias à iniciativa privada. Tanto a situação macroeconômica como a segurança jurídica e regulatória melhoraram e se formou jurisprudência a respeito, o que levou a tarifas menores, mesmo com exigências iguais ou maiores. Já nas licitações federais de 2008, os valores foram reduzidos pela expectativa de amplo financiamento do BNDES a baixo custo, o que não ocorreu, tornando incompatível o volume de obras com as tarifas.

**Mito 2**

*Concessionárias deveriam ouvir usuários para definir praças*

**Fato**

*É o poder concedente que define localização e número de praças*

Os locais onde as praças vão ser instaladas são definidos pelo governo antes da licitação, com base em estudos que levam em consideração o fluxo previsto de veículos, levantamentos e consultas, que podem incluir audiências públicas, de modo a tornar a tarifa a menor possível para os diferentes usuários. Também se busca fazer com que cada um pague de forma proporcional ao trecho que usou da rodovia, uma vez que as extensões percorridas variam bastante e quem usa mais paga mais. Quando se trata de nova concessão, a empresa, ao assumir, precisa construir as praças nos locais indicados nos editais de licitação e no contrato de concessão correspondente. Já nas renovações vem sendo usual manter as praças já instaladas.

Depois de a concessionária ter iniciado a operação da rodovia, o poder concedente, por sua iniciativa, para atender demanda dos usuários ou ainda por sugestão da concessionária, às vezes autoriza mudanças nas praças. Isso já ocorreu, por exemplo, para alterar o modelo de cobrança, de unidirecional (em uma só direção) para bidirecional (nas duas direções), com a construção de praças e/ou instalações complementares e redução à metade da tarifa em cada sentido. Também houve criação de praças adicionais às previstas na licitação, para reduzir a tarifa prevista no contrato em determinado trecho, para adequá-la ao trecho percorrido, eliminar fugas ou gerar recursos para realizar novos investimentos necessários, não previstos inicialmente.

As praças de pedágio vão, com o tempo, ser substituídas pela cobrança por quilômetro percorrido, como já ocorreu em outros países. Em estradas abertas, como as que temos no Brasil, isso só será possível quando todos os veículos tiverem *chip* de identificação, que possa ser lido eletronicamente, indicando quanto o veículo percorreu.

**Mito 3**

*Deveria haver menos praças de pedágio*

**Fato**

*Mais praças reduzem o custo para quem percorre apenas um trecho*

Em princípio, busca-se colocar praças a cada 50 ou 60 quilômetros para dividir o custo de manutenção, modernização, ampliação, sinalização e operação entre maior número de usuários, de modo que cada um pague, de forma proporcional, apenas pelo trecho que percorrer. Na Rodovia Presidente Dutra, entre o Rio e São Paulo, onde esse critério não foi seguido, 90% dos que usam a rodovia o fazem em trechos compreendidos entre duas praças de pedágio e, por isso, não pagam. Os outros 10% ficam responsáveis pelo total do custo de operação, manutenção, sinalização e melhoria, o que certamente é menos justo do que dividir esse custo com os demais usuários.

Já houve alguns casos de rodovias em que foi dividido determinado trecho, com a colocação de mais uma praça, para ampliar a base de pagantes e, assim, diminuir o valor da tarifa para os demais. Como é natural, agrada-se a quem pagava mais e há reclamações de quem não pagava nada, razão pela qual o ajuste é difícil.

O ideal é cobrar de cada usuário pelo trecho efetivamente percorrido na rodovia (cobrança quilométrica), como se faz em outros países, mas isso, por enquanto, só é possível em estradas fechadas – que são poucas no Brasil –, onde se paga na entrada ou na saída. As experiências iniciais de cobrança quilométrica no País (Ponto a Ponto), usando *chips* ou *tags* específicos lidos por portais, são, por ora, apenas uma tentativa de verificar a viabilidade do sistema, o que não dispensa a existência das praças para cobrar dos demais, que não instalaram o novo acessório. Como há um grande número (calculado em 30%) de veículos irregulares em circulação, seus proprietários não têm interesse no novo sistema, que exige um endereço correto para cobrança posterior.

**Mito 4**

*Cada um deveria pagar apenas pelos quilômetros percorridos*

**Fato**

*É a solução mais justa, porém difícil por ora no Brasil*

A cobrança pela quilometragem percorrida é utilizada em vários países, com mais de uma tecnologia em uso. Na maioria deles, o sistema envolve a colocação de portais a distâncias de 10 quilômetros um do outro, que leem um *tag* colocado no veículo e calculam a tarifa. Depois, automaticamente, o débito pelo trecho percorrido é efetuado no endereço bancário ou físico do usuário. A Alemanha inovou com a leitura por satélite, dispensando portais, sistema que outros países vêm implantando.

Em todos os casos, o pagamento é feito dias depois de percorrer o trecho, por boleto ou por débito em conta, como acontece no Brasil com quem utiliza o *tag* de cobrança eletrônica. Para haver uso geral numa rodovia, é necessário que todos os veículos que nela circulam tenham o *tag* e o endereço ou a conta bancária registrados. Isso impossibilita a generalização do uso desse sistema no Brasil, pois, mesmo que os novos veículos passem a ter essa etiqueta eletrônica, como prevê o programa Siniav (Sistema de Identificação Automática de Veículos), os antigos não a terão. E a circulação de veículos sem registro – e sem endereço de cobrança – é muito grande, sendo estimada em 30% do total no estado de São Paulo. Além disso, há clonagem e manipulação de placas, o que também impede a aplicação de multas.

Embora o Siniav interesse muito aos governos federal, estaduais e municipais para controlar os veículos e o pagamento das taxas cabíveis, a implantação já foi adiada várias vezes. Até que a generalização do *tag* ocorra, a cobrança por trechos possibilita dividir a tarifa e chegar a um valor próximo do que seria devido pela quilometragem percorrida – quanto mais praças existirem, mais justa a divisão.

**Mito 5**

*Morador de município onde existe praça não deve pagar pedágio*

**Fato**

*Seria um privilégio injusto: rodovias não são ruas ou avenidas*

As rodovias não se destinam a servir de ligação entre os bairros da mesma cidade, com exceção das vias expressas pedagiadas, como a Linha Amarela no Rio de Janeiro, que representam uma alternativa paga para circular mais rápido. Elas são construídas pelos governos dos estados e pelo governo federal para ligar vários municípios. Assim, não há razão para que moradores de uma cidade sejam isentos e os de outras, não. Todo usuário deve pagar a tarifa do pedágio se quiser utilizar a rodovia. Até porque passa a usufruir do direito ao socorro mecânico e ao atendimento pré-hospitalar, como os demais.

Em muitas regiões, o tráfego local na rodovia cria congestionamentos que atrasam a viagem de quem percorre distâncias maiores. Se houvesse isenção aos munícipes da cidade atravessada, os caminhoneiros que abastecem o País, e outros usuários, estariam subvencionando os moradores das cidades onde há praças, o que é injusto. Cabe a cada prefeitura a responsabilidade de ligar as diversas regiões do município, por meio de ruas, avenidas e estradas vicinais. Para tanto, além da arrecadação municipal e do repasse de verbas federais e estaduais, existe uma contribuição da concessionária da rodovia, que recolhe nos municípios em que há praças 50% do valor do ISSQN cobrado na tarifa, dividindo o restante pelos demais municípios que atravessa.

Assim, há municípios em que o valor recebido das concessionárias é uma das maiores fontes de recursos para seu orçamento. Só em 2016 foram recolhidos cerca de 800 milhões do imposto aos cofres dos diversos municípios por onde passam estradas pedagiadas. Esses recursos se incorporam ao orçamento geral do município, e várias cidades os destinam também à melhoria do seu sistema viário.

**Mito 6**

*Pedágio encarece as mercadorias e isso prejudica a todos*

**Fato**

*O impacto sobre o custo das mercadorias é mínimo, quando existe*

Desde antes do início das concessões vêm sendo feitos estudos sobre qual é o impacto do pedágio sobre o custo das mercadorias, em diferentes estados do País, por universidades e empresas de pesquisa. Eles mostram que, comparando estradas pedagiadas – que são as melhores do Brasil – com o estado em que estavam antes da concessão, os transportadores de carga e os ônibus ganham sempre. A redução do custo de manutenção e operação do veículo e de seus componentes é de mais de 25%, o consumo de combustível diminui 30 a 35% e o tempo de viagem cai bastante. Ao comparar com uma estrada sem pedágio, sem investimentos e sem conservação, só a perda ou desgaste prematuro de um dos pneus supera o valor da tarifa.

Antes da concessão da BR-163, o Instituto Mato-grossense de Economia Agropecuária (Imea) realizou um estudo comparando as duas situações – com e sem as melhorias previstas na concessão da BR-163 MS. O estudo mostrou que, com a concessão, suas obras e ajustes operacionais, haveria economia real no custo com o transporte da ordem de 11%, já incluído o pagamento da tarifa. Vale destacar que o principal transporte na região é de *commodities* agrícolas, de baixo valor unitário, e de fertilizantes. O Imea também estimou em pelo menos 20% o ganho de tempo em cada viagem. Basta ver o que acontece na época das chuvas nos trechos ainda não modernizados na BR-163 MT.

O frete representa menos de 5% do valor das mercadorias transportadas, exceto *commodities*. Como a tarifa de pedágio é da ordem de 10% do frete, o acréscimo no custo é inferior a 0,5% para produtos com valor agregado. Quem reclama do impacto no custo de transporte em geral não considera as melhorias que permitem reduzir os custos dos caminhoneiros com manutenção, combustível e tempo. Esquece-se de que, sem obras, manutenção e operação adequadas, rodovias se deterioram, como as que tinham ou têm apelido de "Estrada da Morte". No caso de *commodities* o certo seria dispor de transporte fluvial ou ferroviário, mais adequados a esses produtos. Mesmo assim, um estudo no Paraná, contrário ao pedágio, mostrou que, para soja a longas distâncias, a tarifa representa, em média, 20% do valor do frete e acresce 4,4% ao custo do produto.

**Mito 7**

*Concessionárias não devem definir data e índice de reajuste da tarifa*

**Fato**

*Data e índice de correção anual da tarifa já constam dos contratos assinados com o governo*

Os contratos de concessão elaborados pelo poder concedente estabelecem valor da tarifa, época e fórmula ou índice dos reajustes, ao lado das obrigações da concessionária em termos de obras, serviços, qualidade, atendimento etc., em conformidade com o edital de licitação. O valor inicial da tarifa pode ser estabelecido por decisão do governo ou por leilão entre os participantes da concorrência, que fazem suas propostas reduzindo o valor teto fixado pelo poder concedente. Já houve casos em que esse desconto sobre o teto chegou a mais de 40%, pela expectativa dos investidores de conseguir menor custo financeiro e de obras ou por estimarem que o tráfego iria aumentar bastante.

Os contratos de concessão devem ser suficientemente longos para amortizar os investimentos necessários em obras, equipamentos, manutenção e melhorias e se estendem por mandatos de diferentes governantes. Com isso, nas eleições intermediárias, candidatos de oposição, políticos e outros que são ideologicamente contrários à administração privada de rodovias fazem declarações que levam algumas pessoas a acreditar, erroneamente, que as decisões cabem à concessionária.

Quando o aumento do tráfego ou da segurança exige obras não previstas nos contratos, o governo tem como alternativas ampliar o tempo do contrato, pagá-las ou aumentar a tarifa. A primeira vem sendo a opção mais utilizada, pelo menor impacto para todos. O poder concedente pode realizar alterações, desde que mantenha o equilíbrio econômico-financeiro do contrato, cláusula fundamental para levantar empréstimos e financiamentos de longo prazo. Isso aconteceu em 2015, quando o governo federal isentou da cobrança o eixo suspenso de caminhões e aumentou a tarifa acima do previsto para todos, de modo a compensar a queda na arrecadação dos caminhões.

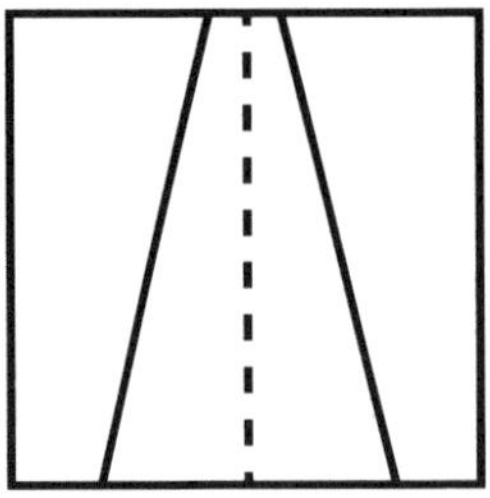

**Mito 8**

*Rodovias de pista simples não deveriam ter pedágio*

**Fato**

*A cobrança de tarifa visa garantir a boa qualidade da rodovia*

A malha rodoviária pavimentada do Brasil é a menor entre as 20 maiores economias do mundo na relação com o território do país, e as rodovias de pista dupla ainda representam uma parcela muito limitada dessa baixa quilometragem. Assim, primeiro é necessário ter adequada operação, manutenção e melhoria das rodovias de pista simples, para facilitar o tráfego de mercadorias e pessoas e ampliar a segurança das viagens. Como o poder público não tem mais, no Brasil e em dezenas de outros países, recursos orçamentários para interromper a degradação do sistema rodoviário, os custos passaram a ser cobrados diretamente de quem os utiliza, por meio da tarifa de pedágio.

A tarifa de pedágio tem como objetivo garantir nível adequado de qualidade do pavimento, segurança e atendimento aos usuários, além de possibilitar a execução de obras, o que tanto se aplica aos trechos de pista dupla como aos de pista simples. A cobrança foi instituída em decorrência do aumento de custos do poder público com aposentadorias, saúde, educação, segurança e outros, que são suas responsabilidades prioritárias, problema que atinge inclusive países do primeiro mundo como Alemanha, França, Itália ou Japão.

Em médio prazo, os governos planejam duplicar todas as rodovias pedagiadas de pista simples, o que já vem acontecendo em várias delas. Como a duplicação implica custos a serem divididos pelos usuários, deve ser bem estimado o prazo em que ela se torna necessária, para não serem fixadas tarifas muito altas ou tornar os projetos insustentáveis. Quando não há previsão no contrato, são negociadas novas condições para os investimentos adicionais, envolvendo ampliação do prazo de concessão, aumento da tarifa ou outra forma de compensação definida pelo poder concedente.

**Mito 9**

*Pedágio desrespeita o direito constitucional de ir e vir*

**Fato**

*O direito de ir e vir é das pessoas e não dos seus veículos*

A tese de que o direito de ir e vir, expresso no artigo 5º da Constituição brasileira, inclui trafegar em rodovias sem pagar, foi usada no início do programa de concessões por diversos de seus opositores e voltou a ser levantada em estados onde houve licitações mais recentemente. Ela foi amplamente debatida e analisada pelos tribunais superiores, que não aceitam essa argumentação. A doutrina entende que o Estado não pode obstaculizar a movimentação ou passagem do cidadão, e que a circulação de veículos nas rodovias é livre, porém não é gratuita. Ela exige o cumprimento de regras que trazem ônus aos proprietários, como o licenciamento, a renovação periódica da carteira de habilitação, a manutenção adequada do veículo, o custo do combustível e o pagamento da tarifa de pedágio, quando for o caso.

Assim, o artigo 5º da Constituição veda o estabelecimento de restrições à circulação de pessoas e bens, e o artigo 150 ressalva a cobrança de pedágio pela utilização de vias. O direito de ir e vir não obriga à prestação de um serviço público gratuito, já que essa é outra discussão, vinculada à disponibilidade de recursos públicos.

Outro argumento de contestação à cobrança de pedágio é que ela só deveria ocorrer se houvesse uma via alternativa, o que também não tem base constitucional. Essas objeções são motivadas por razões ideológicas ou para tentar obter ganhos político-eleitorais, e não têm sido acolhidas nos tribunais superiores. A operação, a manutenção e a melhoria de rodovias pedagiadas são um serviço de utilidade pública pago por quem as utiliza, como ocorre com água tratada, eletricidade, distribuição de gás de cozinha e outros, dentro do critério socialmente justo: QUEM USA PAGA.

**Mito 10**

*Municípios podem proibir praças de pedágio em seu território*

**Fato**

*Municípios não legislam sobre rodovias estaduais e federais*

Os municípios não têm jurisdição sobre as rodovias estaduais e federais, que estão em outras esferas do poder. Eles podem apenas estabelecer regras sobre obras municipais. Só as legislações federais e estaduais se aplicam a essas rodovias, conforme elas sejam de responsabilidade do governo federal ou estadual. Assim, prefeituras e câmaras municipais não podem proibir a existência de praças nas rodovias existentes, que passam por seu território. Cada município tem sua lei de uso do solo, que deve ser observada se houver ampliação da área reservada à rodovia, para instalação de uma praça de pedágio, criação de novas faixas de rolamento, acessos etc.

Já houve municípios que tentaram impedir a construção de praças em seu território e a Justiça revogou suas determinações, por serem inconstitucionais. A Constituição brasileira é muito clara no que se refere à divisão de responsabilidades e de competências entre as três esferas de poder: federal, estadual e municipal. Os municípios não podem impedir que haja praças, embora possam fazer objeções sobre sua localização, expansão e sistemas de escoamento de água, entre outros.

Apesar de não terem jurisdição sobre as rodovias, os municípios são beneficiados com o recolhimento do ISSQN pelas concessionárias, em função de a legislação federal ter incluído o serviço por elas prestado entre os que podem ser objeto desse tributo. Adicionalmente, os municípios à margem de rodovias de qualidade como as pedagiadas oferecem melhor acesso rodoviário e recebem mais investimentos de fábricas, centros de distribuição e compras etc., que criam empregos para seus habitantes e incrementam a renda dos moradores e da cidade.

## Mito 11

*Pedágio atrasa o desenvolvimento das cidades e das regiões*

## Fato

*Rodovias de qualidade atraem investimentos e turismo*

Municípios situados à margem de rodovias pedagiadas, que possibilitam acesso mais fácil, seguro e rápido, experimentam maior desenvolvimento em decorrência da implantação de fábricas, centrais de distribuição, centros comerciais, grandes loteamentos e condomínios e outros empreendimentos que geram recursos, tributos e empregos. No estado de São Paulo, a tarifa de pedágio vem sendo cobrada desde 1972 na Via Anchieta, que liga a capital a Santos e demais municípios da orla marítima, sem que se possa atribuir a essa cobrança qualquer atraso no desenvolvimento regional ou estadual. Pelo contrário, o desenvolvimento paulista é atribuído principalmente à facilidade de transporte, ao lado da disponibilidade de energia e ao empreendedorismo.

Além disso, boas rodovias, como as que são pedagiadas no Brasil, facilitam o trânsito de mercadorias e pessoas. A percepção dessas vantagens levou governos e empresários agrícolas e exportadores do oeste brasileiro a batalhar para que fossem licitados os principais eixos rodoviários da região, como a BR-163 no sentido norte-sul em Mato Grosso e Mato Grosso do Sul, a BR-153 também na mesma direção em Tocantins e Goiás, e as ligações entre elas e o Sudeste brasileiro. Como algumas vieram a enfrentar problemas pela situação dos concessionários, a região se mobiliza pela continuidade.

A logística deficiente do País é apontada em estudos econômicos e empresariais como um dos fatores que reduzem a competitividade da indústria e mesmo da agricultura brasileira, sendo um dos principais componentes do chamado Custo Brasil. Como diz um dos líderes do agronegócio no País, ex-ministro da Agricultura: "a agricultura brasileira é competitiva da porteira para dentro e perde a competitividade da porteira para fora", devido ao transporte deficiente, entre outros fatores. Rodovias pedagiadas são parte da solução, que também exige outros modais de transporte.

**Mito 12**

*Concessionárias devem pagar atendimento médico nos municípios*

**Fato**

*A obrigação é de socorrer acidentados na rodovia, não de tratá-los*

Os contratos de concessão de rodovias estabelecem, entre outras cláusulas, a obrigação das concessionárias de investir na segurança dos trechos que administram e, caso ocorram acidentes, prestar atendimento médico de urgência, transportando os feridos, quando necessário, para o hospital mais próximo.

Têm ocorrido algumas declarações de autoridades e de políticos de que caberia à concessionária pagar pelo atendimento médico e hospitalar dos acidentados, o que não faz parte das obrigações definidas nos contratos. Em São Bernardo do Campo (SP), foi inclusive votada lei estabelecendo a cobrança dos serviços médicos prestados por instituições de saúde municipais a não moradores que se acidentaram nas rodovias que atravessam ou passam pelo município.

A professora da Faculdade de Direito de São Bernardo e especialista em direito constitucional, Thais Novaes Cavalcanti, analisou o projeto de lei a pedido do *Metro Jornal*, que circula na região. "Entendo que a concessionária tem obrigação de socorrer e manter a segurança. O serviço de saúde pública é responsabilidade da prefeitura. A concessionária não é médica, isso não faz parte do serviço oferecido. Eu entendo que há abuso na cobrança que São Bernardo está estipulando". A especialista diz ainda que já existe o DPVAT, imposto pago pelos motoristas ao Estado, para arcar com esses custos. "Acho essa lei temerária. Ela pode gerar prejuízo à vida, já que o ideal é o atendimento no local mais próximo". Segundo a professora, essa nova norma não é aplicável e de fato foi objeto de decisão contrária na Justiça.

**Mito 13**

*Concessionárias de rodovias não devem ter lucros altos*

**Fato**

*Concessão precisa dar retorno adequado para atrair investidores*

As concessionárias são empresas privadas, cuja existência só é possível se houver lucro – empresa privada que tem prejuízos contínuos fecha. Sua atividade é exercida por períodos longos – no Brasil de até 30 anos, em outros países chega a 100 anos –, o que implica investimentos, operação e riscos ao longo de muito tempo. Esses riscos das concessionárias abrangem, entre outros, volume de tráfego, custo das obras, da operação e da manutenção, os custos e juros dos financiamentos contratados.

Para atrair investidores dispostos a assumir esses riscos, a concessão precisa oferecer condições competitivas com outros investimentos de longo prazo. Já tivemos casos no Brasil de licitações que deram vazio (sem oferta) por não preencher esse requisito. As empresas que assumem a gestão das rodovias precisam ter margem suficiente para garantir a qualidade do serviço prestado, o pagamento de seus milhares de empregados e demais colaboradores durante todo o contrato, além de remunerar os investidores, sem enfrentar problemas para os usuários ou o poder público, o que já aconteceu em alguns países, onde a taxa de retorno foi insuficiente. Além disso, muitas concessionárias são atualmente – no Brasil e no mundo – controladas por empresas de capital aberto com ações na Bolsa, detidas por pessoas físicas e fundos de pensão, que fazem esse investimento buscando assegurar recursos para pensões e aposentadorias.

Isso não significa, como alguns afirmam, que seja o negócio mais lucrativo que existe – há certamente outros que trazem retorno em prazos muito mais curtos, com menores riscos. As concessionárias trabalham para melhorar o transporte rodoviário no País e buscam o justo retorno para seus acionistas. O reconhecimento de sua eficácia como agente de desenvolvimento ficou bem caracterizado com a decisão de realizar a segunda licitação da Ponte Rio-Niterói no término do contrato inicial de 20 anos, o que levou o setor privado a assumir sua gestão por 50 anos consecutivos.

**Mito 14**

*Falta transparência em licitações, contratos e resultados*

**Fato**

*Os contratos são públicos e as concessionárias divulgam seus balanços*

As cláusulas estabelecidas para cada licitação são públicas e transparentes e o mesmo acontece com os contratos. A definição de quem ganhou a concorrência é feita de forma aberta, com acompanhamento de todos os que apresentaram propostas, numa reunião pública, com presença da imprensa e outros interessados. A mídia informa os valores oferecidos por cada licitante, as obrigações assumidas e outros detalhes. Além disso, os órgãos reguladores e os Tribunais de Contas verificam condições e contratos e muitas vezes solicitam ajustes. Trata-se de um processo absolutamente transparente.

Cada concessionária é uma empresa de fim específico, o que significa que ela é criada exclusivamente para administrar o trecho licitado pelo período previsto. Grande parcela é controlada por grupos que administram várias concessionárias e são empresas de capital aberto, com ações na Bolsa e que, portanto, informam trimestralmente seus resultados e atividades. Seus acionistas são conhecidos e podem ser vistos nos *sites*.

Os contratos assinados com o poder concedente são abertos e objeto de estudos e consulta de pesquisadores, jornalistas, grupos que querem concorrer a novas licitações e demais interessados. Os balanços e resultados são públicos. Os legisladores, o Ministério Público e o Poder Judiciário têm livre acesso aos contratos e à sua execução, que são controlados na maioria dos casos por agências reguladoras, como a ANTT (federal) e outras estaduais, que também atendem a pedidos de informações de jornalistas, usuários e outros. Várias teses universitárias de mestrado e doutorado analisam o desempenho das concessionárias, sem enfrentar restrições, e a ABCR tem inclusive um prêmio para os melhores trabalhos, entregue no seu Congresso, o CBR&C.

**Mito 15**

*Falta fiscalização sobre o desempenho das concessionárias*

**Fato**

*Há constante fiscalização por órgãos governamentais, usuários e outros*

A fiscalização do cumprimento das cláusulas do contrato e das condições das rodovias administradas pelas concessionárias é feita por diferentes órgãos e pelos usuários. A atribuição legal é da ANTT, no caso das rodovias federais, e das agências estaduais onde existem concessões feitas pelo estado: ARTESP em São Paulo, AGEPAR no Paraná, AGERBA na Bahia, AGETRANSP no Rio de Janeiro, ARSI no Espírito Santo, ARPE em Pernambuco. Há agências reguladoras de serviços públicos delegados em outros estados, onde pode ocorrer a concessão de rodovias estaduais. Todas são de fácil contato por telefone e outros meios. O Poder Legislativo e os Tribunais de Contas também exercem fiscalização, o mesmo ocorrendo com outras áreas de governo.

Há ainda acompanhamento pelos usuários por meio de comissões específicas. A legislação define a possibilidade da formação, em cada concessão, de comissões de usuários ou tripartites (concessionária, usuários e o Poder Legislativo), para acompanhar a execução dos trabalhos previstos e a qualidade da rodovia. Elas tomam como base os parâmetros definidos nos contratos, como qualidade do piso, tempo de atendimento ao usuário acidentado, inspeção periódica da pista etc. Praticamente desde o início existe, por exemplo, o Grupo Paritário de Trabalho da Rodovia Presidente Dutra (GPT-Dutra).

Os transportadores de carga, empresas e autônomos, embarcadores, frotistas e suas associações acompanham de perto o estado das rodovias e se manifestam quando não satisfeitos. A pesquisa anual da Confederação Nacional do Transporte – CNT sobre o estado das rodovias brasileiras é outra forma de fiscalização e mostra as concedidas como as melhores estradas do País. Diversas entidades e imprensa realizam e divulgam pesquisas de satisfação e eventuais problemas. E para manifestações de usuários (reclamações e sugestões) existem o e-mail e o telefone 0800 de cada concessionária.

**Mito 16**

*As pessoas têm direito a buscar formas de não pagar pedágio*

**Fato**

*A fuga ao pedágio constitui séria infração de trânsito*

Vêm ocorrendo casos de usuários que furam as cancelas das praças de pedágio ou encontram formas de se desviar delas, alegando que a tarifa é muito cara, que não existem rotas alternativas livres e outras justificativas enganosas. A exigência de alternativas não pedagiadas não tem suporte na lei nem na Constituição, de acordo com os tribunais superiores, e nem cabe no bom senso. A tarifa é fixada pelo poder concedente ou estabelecida na licitação e corresponde ao custo de investir e operar a rodovia dentro dos parâmetros de qualidade fixados, mais a remuneração do concessionário. A evasão do pagamento, fugindo dos trechos onde ficam as praças (rota de fuga), colando no veículo da frente para passar junto na cancela ou atravessando a cancela fechada, constitui infração, prevista no artigo 209 do Código de Trânsito Brasileiro, e sujeita os infratores a multas e outras penalidades.

Em muitos casos, até existem vias alternativas ao trecho pedagiado, que podem ser utilizadas pelos usuários, mas, de modo geral, são de pior qualidade e mais inseguras, o que provoca maiores custos de manutenção do veículo e mais tempo de viagem. Algumas vezes, essas vias atravessam bairros urbanos que não suportam grande tráfego, especialmente de caminhões, o que tem levado as prefeituras a proibir sua circulação. As vias alternativas não se confundem com a "rota de fuga", que se caracteriza pelo uso da rodovia pedagiada e desvio apenas no trecho em que existe praça de cobrança.

As rodovias pedagiadas são as melhores do País, reduzem o tempo de viagem, os custos de combustível e manutenção do veículo e trazem muito maior segurança aos usuários, pela qualidade do pavimento, supervisão de pistas, sinalização e manutenção constante. Adicionalmente, oferecem serviços de atendimento mecânico e pré-hospitalar em caso de acidentes e outros problemas. O pagamento da tarifa se justifica por essa soma de prestação de serviços e deve ser feito por quem trafega num trecho em que há praças.

**Mito 17**

*Mesmo com cobrança, há rodovias pedagiadas em mau estado*

**Fato**

*As rodovias com pedágio recebem manutenção constante e são as melhores do País*

Todo ano a Confederação Nacional do Transporte – CNT realiza amplo levantamento sobre as condições das rodovias do País, abrangendo os principais eixos de ligação. O resultado sempre mostra as rodovias administradas por concessionárias privadas como as melhores do Brasil, em relação a engenharia, estado de conservação, sinalização e outros aspectos. Outras pesquisas, feitas por revistas especializadas, televisões, jornais e diversas organizações ligadas ao tráfego de veículos, chegam igualmente a essa conclusão.

Isso ocorre porque as concessionárias respondem sem demora aos problemas que podem ocorrer. Irregularidades são identificadas pela inspeção de tráfego 24 horas por dia, pelos sistemas eletrônicos de supervisão ligados aos Centros de Controle por redes de fibras ópticas e, ainda, por informação de usuários, que dispõem de vários canais de acesso para observações e reclamações. Problemas como buracos, barreiras defeituosas, acostamento irregular, trepidação etc., provocados por excesso de peso dos veículos, temporais ou acidentes, são corrigidos com a maior velocidade possível, para deixar a rodovia em condições adequadas, como previsto nos contratos – o que é percebido pelos usuários. Novas tecnologias são utilizadas no pavimento, como trechos revestidos de asfalto-borracha, materiais antiderrapantes e outros, garantindo maior qualidade e durabilidade. A segurança é constantemente reforçada com novas formas de sinalização no solo, em placas, por meio de painéis informativos de mensagem variável etc.

Outro importante diferencial das rodovias concedidas é a manutenção preventiva, com avaliação de pontes, viadutos e outras obras de arte, para detectar e corrigir eventuais problemas antes de se agravarem. E, quando há ocorrências provocadas por fenômenos da natureza, a correção é feita com velocidade que o poder público não consegue ter.

**Mito 18**

*Concessionárias deveriam controlar o peso dos caminhões*

**Fato**

*O controle de peso é responsabilidade do poder público*

Um sério problema enfrentado pelas vias de trânsito, tanto urbanas como de longa distância, entre as quais as vias concedidas, são os danos ao pavimento provocados por caminhões com excesso de peso por eixo (às vezes, isso também ocorre com ônibus). O excesso de peso também afeta obras de arte como pontes e viadutos, cria riscos para quem trafega e para o próprio motorista, aumenta o número de acidentes e prejudica a circulação dos demais veículos. Esse problema ocorre por falta de controle por balanças, que cabe ao governo realizar. Os danos pioraram com a Lei nº 12.303, que ampliou a margem de tolerância do excesso de peso de 5% para 10%. Em muitas ocasiões, é necessário tempo significativo para correção e, no caso das concessões, os custos adicionais representam ônus não previsto nos contratos.

Os estudos de especialistas universitários no Brasil e em outros países, assim como dos técnicos do DNIT (Departamento Nacional de Infraestrutura de Transportes), mostram que um caminhão com 20% de excesso de carga reduz em até metade o tempo de duração do pavimento. O caminhoneiro que carrega mais do que o permitido legalmente aumenta seu risco de morte, ao reduzir a capacidade de frenagem do veículo, aumenta a possibilidade de tombamento em curvas e provoca desgaste prematuro do caminhão (idem para ônibus). Grande parte das trincas de rodovias tem o excesso de peso como causa.

As concessionárias de rodovias não têm poder de polícia para multar ou reter veículos com excesso de peso, o que ocorre principalmente com materiais a granel como areia, minérios, grãos e outros produtos agrícolas, pois há embarcadores que insistem em colocar mais carga do que o limite legal por eixo para reduzir o custo do transporte, aproveitando-se da queda de demanda e da forte concorrência entre autônomos. As concessionárias confiam que o problema seja superado pela ação das autoridades.

**Mito 19**

*Concessionárias deveriam evitar a imprudência de usuários*

**Fato**

*Concessionárias apoiam fiscalização, mas não têm poder de polícia*

Uma das grandes preocupações de quem circula por rodovias é a imprudência de outros motoristas, causa principal do grande número de acidentes e mortes. Ela em geral representa infração ao Código de Trânsito Brasileiro (CTB), como dirigir embriagado ou sob efeito de drogas, em velocidade acima da permitida, com o veículo fora de condições, com pneus desgastados, sem carteira de motorista etc. Essas infrações preocupam as concessionárias e são agravadas por riscos com pedestres das cidades que vão crescendo ao lado das pistas e não usam passarelas, ou andarilhos, sem-teto, ciclistas.

A fiscalização das condições dos motoristas e motociclistas, e da forma como dirigem nas rodovias, é de responsabilidade exclusiva do policiamento rodoviário – federal e dos estados –, ao qual as concessionárias oferecem apoio logístico e acesso aos sistemas de supervisão das pistas, além da realização de campanhas de prevenção. Cerca de 50.000 pessoas morrem no Brasil em acidentes de trânsito, nas cidades e nas estradas, e a principal causa são fatores humanos, que um melhor controle das infrações poderia evitar. A ABCR, entidade representativa do setor, tem batalhado junto às autoridades para que a fiscalização seja intensificada, o que pode ser feito com a criação de agentes de trânsito ou delegação às agências reguladoras, como é feito nas cidades, pois os policiais tiveram grande aumento de atividades com o crescimento da criminalidade, não havendo equipes suficientes para as duas funções.

As concessionárias investem em educação para o trânsito nas cidades lindeiras, instalam equipamentos de segurança como passarelas, barreiras, áreas de escape, redutores eletrônicos de velocidade, pisos especiais e outros, ao lado de muita sinalização horizontal e vertical, para alertar os motoristas e, assim, vêm reduzindo acidentes.

**Mito 20**

*Concessionárias não cumprem corretamente os contratos*

**Fato**

*O cumprimento é rigoroso e fiscalizado, seguindo as condições contratuais*

O contrato assinado com o poder concedente define as obrigações das concessionárias, tanto no que se refere às condições estabelecidas de operação e manutenção dos trechos, como em relação à execução de obras, inspeção de pistas, sinalização e prestação de serviços aos usuários. Ele é seguido rigorosamente e fiscalizado pelo poder concedente, por usuários e por diferentes setores de governo, além da imprensa.

As queixas de não cumprimento do contrato, como atraso no início de obras ou demora em concluí-las, problemas nas pistas etc., decorrem de objeções ambientais, fenômenos da natureza, excesso de peso de caminhões (e ônibus, às vezes) ou de decisões unilaterais do governo, fugindo ao contrato. Já houve caso em que o poder concedente não permitiu o reajuste da tarifa nas épocas previstas, ou exigiu obras que não constavam do instrumento assinado com a concessionária sem compensar essas alterações, o que leva a desequilíbrios econômico-financeiros. Quando isso acontece, a concessionária fica sem condições de cumprir as metas e obras definidas contratualmente, pela falta dos meios necessários, pois o valor da tarifa é estabelecido para atender às obrigações pactuadas.

Os contratos podem ser alterados pelo poder concedente e muitas vezes isso tem ocorrido, em decorrência da dinâmica do País, que cria necessidades de obras não previstas, adiamento de obras cuja urgência deixou de existir em função de tráfego menor que o previsto, considerações ambientais e outras. Também manifestações e pressões políticas têm levado a alterações. Em todos os casos, é obrigatório manter o equilíbrio econômico-financeiro estabelecido inicialmente, para que a concessionária possa obter financiamentos e cumprir os compromissos assumidos.

**Mito 21**

*Concessionárias deveriam utilizar tecnologias mais modernas*

**Fato**

*Inovações em tecnologia, materiais e sistemas são constantes*

As concessionárias de rodovias adotam as mais modernas tecnologias em uso no mundo, além de desenvolver seus próprios avanços, sempre buscando oferecer aos usuários a melhor qualidade, tanto na operação como na infraestrutura. Um exemplo são as rodovias inteligentes, que praticamente só existem nos trechos concedidos, com seus Centros de Controle Operacional (CCO), que monitoram de forma integrada o tráfego, usando imagens captadas por câmeras de alta definição, informações de estações meteorológicas, sensores de trânsito, contadores automáticos de veículos, painéis de mensagem variável etc. Os CCOs ajustam painéis à distância, informam o policiamento em tempo real, acionam ambulâncias, guinchos, veículos de supervisão de pista e realizam outras ações, que reduzem riscos e facilitam a prestação de serviços ao usuário.

Inovação mundial do setor no País foi o pedágio eletrônico interoperável, que possibilita pagar a tarifa de diversas concessionárias com o mesmo *tag*, o que hoje é normal no mundo. Outra foi a concorrência na cobrança, com várias empresas disputando a preferência do usuário, com mais serviços e novas aplicações para seus *tags*.

Há novas tecnologias de pavimentação, como uso do asfalto-borracha, que reduz o ruído, melhora a frenagem e ainda tem a vantagem ecológica de dar utilização a pneus inservíveis, entre outros tipos de asfalto melhorado. Na área ambiental, inovações de engenharia e construção receberam prêmios por reduzir desmatamento e impacto. Na sinalização, são constantes o desenvolvimento e a aplicação de novos materiais.

A tecnologia no Brasil é desenvolvida diretamente pelas concessionárias ou por meio de convênios com instituições de pesquisa. Encontros técnicos, exposições e seminários, estímulo a pesquisadores – cujos trabalhos a ABCR edita – são outras iniciativas. A entidade mantém comitês que estudam e divulgam novas tecnologias, materiais, equipamentos e sistemas de trabalho voltados a maior segurança, durabilidade e qualidade dos pavimentos, controle e operação, mantendo constante intercâmbio com organizações mundiais e de outros países.

**Mito 22**

*Não deve haver pedágio, pois já se paga o IPVA e a CIDE*

**Fato**

*Pela Constituição, não existem tributos dirigidos a um setor específico*

Sempre que se estabelecem novas concessões, esse mito reaparece. O IPVA é um imposto sobre a propriedade de veículos (como o IPTU sobre a de imóveis), dividido entre o estado e o município onde o veículo é licenciado, e sua arrecadação vai para o orçamento geral e não para aplicação em rodovias. A CIDE é um tributo sobre combustível, mas também não tem destino rodoviário específico, embora esse argumento tenha sido utilizado para sua instituição.

Impostos sobre combustíveis destinados aos sistemas viários de cidades, do estado ou nacional existem em outros países e já existiram no Brasil antes da Constituição de 1988. Nos Estados Unidos, foi feita pesquisa entre os cidadãos em alguns locais sobre aumento do imposto ou adoção de pedágio, e o pedágio recebeu a preferência, pois assim há certeza de que os recursos arrecadados serão aplicados na rodovia onde foram pagos e não onde os políticos e governantes preferem. Atualmente, as autoridades rodoviárias norte-americanas acreditam que será necessário somar recursos das duas fontes: manter o tributo e cobrar pedágio ao mesmo tempo, pois a redução do consumo de combustível por quilômetro rodado vem diminuindo muito a arrecadação tributária.

No Brasil, tributos sobre combustível destinados especificamente à manutenção e ampliação de rodovias foram criados em 1945 e compunham o Fundo Rodoviário Nacional (FRN), sendo os recursos divididos entre a União, estados e municípios. O FRN possibilitou multiplicar por 17 a rede pavimentada no período 1956-1980, quando foram construídos os principais eixos rodoviários do País. Porém, com a Constituição de 1988, ficou vedada a vinculação de qualquer imposto a determinado setor, passando todos os recursos a compor um caixa único. Além disso, seria inviável recriar um tributo específico para rodovias, pelo crescimento das despesas sociais.

**Mito 23**

*Cobrança eletrônica deveria reduzir a tarifa de pedágio*

**Fato**

*A instalação e o controle para cobrança eletrônica têm custos*

A cobrança eletrônica visa, principalmente, facilitar a vida do usuário, aumentando a velocidade de sua passagem pela praça de pedágio, além de possibilitar o pagamento posterior da tarifa, por meio de débito em conta. O benefício é tanto para o usuário particular, que ganha tempo e conforto, como para o transportador de carga e as empresas de ônibus, cujos motoristas não precisam portar dinheiro para pagar as tarifas, reduzindo o risco correspondente, além de ter o ganho de velocidade na passagem.

Embora haja um número crescente de usuários do *tag*, sua utilização não é generalizada e cabines de arrecadação podem ser reduzidas, mas não eliminadas. Além disso, mantém-se a necessidade de supervisão nas pistas AVI (com dispositivo de cobrança automática), há investimento inicial no sistema, ao lado de custos para a concessionária e para a operadora, pelo pagamento posterior e pela necessidade de registrar as passagens e efetuar os procedimentos para sua cobrança. Existe ainda risco de inadimplência, que não ocorre na cobrança manual. Pode-se comparar o uso do *tag* para pagamento de pedágio com o cartão de crédito, que também evita o uso de dinheiro e em relação ao qual é preciso pagar uma taxa à administradora, destinada a cobrir seu custo operacional e financeiro. A concorrência entre as várias operadoras de cobrança eletrônica reduz o valor cobrado dos usuários e aprimora a prestação do serviço. Mesmo assim, em algumas licitações recentes foi definido desconto de 5% para pagamento eletrônico, o que os licitantes consideram em suas propostas, pois a receita média por veículo cai.

O crescimento da utilização de *tags* mostra que os usuários valorizam a facilidade e a segurança que o sistema confere no pagamento do pedágio, além da possibilidade de efetuar outros pagamentos com o sistema, como estacionamentos em *shopping centers* e outros locais, compra de combustível etc., trazendo conforto adicional.

## Mito 24

*Motos não afetam o pavimento e não deveriam pagar pedágio*

## Fato

*Os recursos da tarifa não se destinam apenas ao pavimento*

A cobrança da tarifa de pedágio de motos sempre leva a esse questionamento com base no não desgaste do pavimento, como se esse fosse o único destino dos recursos arrecadados. Eles são usados também para garantir a qualidade da operação da rodovia, a prestação de serviços e a realização das obras necessárias à sua manutenção, ampliação e modernização. Os custos envolvidos na concessão incluem melhoria constante do pavimento e da sinalização, remoção de veículos, atendimento pré-hospitalar, investimentos para correção de eventuais problemas de engenharia, desastres naturais e outros, obras, tributos etc.

Embora as motos afetem pouco o pavimento, elas também precisam de segurança para trafegar, requisitam atendimento e devem ter seu tráfego acompanhado pelos sistemas de monitoramento da rodovia, da mesma forma que os demais veículos. Além disso, há muito mais acidentes com motos do que com outros veículos, o que implica maiores custos de atendimento, remoção, colocação de avisos, reposição da sinalização, mobilização de funcionários etc. Em decorrência desse problema, as concessionárias de rodovias mantêm inclusive um programa específico de alerta e informação a motociclistas sobre prevenção de acidentes, corte de cerol e outros aspectos.

Portanto, é natural que paguem pelos serviços prestados pelas concessionárias, dos quais são usuárias, embora com tarifa reduzida, pois têm menor impacto no pavimento, que é um dos diversos fatores que compõem o custo de operação e gestão das rodovias.

**Mito 25**

*Ouvidorias não atendem queixas e reclamações de usuários*

**Fato**

*Milhares de usuários são atendidos pelas ouvidorias e pelo 0800*

O atendimento dos usuários é contínuo, respondendo a questionamentos sobre problemas e condições da rodovia, acidentes, desvios, prejuízos eventuais sofridos e outras questões ligadas ao trânsito na rodovia. Adicionalmente, esses serviços são muitas vezes consultados sobre assuntos não diretamente ligados à sua atividade, como onde se hospedar em cidades lindeiras, postos de gasolina existentes, restaurantes etc. Para atender com eficiência às consultas, reclamações e sugestões, as ouvidorias das concessionárias e seus sistemas de atendimento contam com meios de comunicação adequados e pessoal bem treinado.

Apenas quando acontecem fenômenos da natureza que impedem a adequada circulação na rodovia ou mesmo a interrompem, bem como acidentes de grande monta, pode ocorrer congestionamento telefônico no acesso a esses serviços, pois nenhum sistema é projetado para atender a um volume de chamadas várias vezes superior ao habitual. Nesses casos, o usuário é informado pelos painéis de mensagem variável (PMVs), *banners*, rádio-estrada (onde já existe) e outros meios.

Quando o usuário acessa a ouvidoria, ele é atendido de forma gentil e eficaz e, nos casos mais complexos, em que não é possível dar respostas imediatas, a ouvidoria marca um prazo para que ele volte a contatar e receber a informação solicitada. Por meio de pesquisas periódicas, as ouvidorias das concessionárias constatam elevado índice de satisfação de quem as acessa por telefone ou outro meio divulgado nos *sites*.

**Mito 26**

*Não deveria ser permitido cercar a cidade com praças de pedágio*

**Fato**

*O critério de cobrança do pedágio é único: quem usa paga*

A localização das praças é definida pelo governo com base em estudos que possibilitem dividir o custo do pedágio pelo maior número de usuários, levando a uma tarifa menor e mais justa. Por esse motivo, muitas praças de pedágio são localizadas próximo às cidades, de onde mais pessoas se deslocam para outras regiões, evitando que apenas os usuários de longa distância paguem pelos demais, o que seria injusto.

Todos que usam a rodovia pedagiada devem pagar pela sua utilização e pelos serviços de atendimento de que podem vir a necessitar. Assim, os veículos que saem da zona urbana do município para ir a outro local pagam, como qualquer outro usuário, um valor correspondente ao trecho que percorrem, mesmo que não o façam integralmente. É importante lembrar que rodovias são construídas pelo governo estadual ou pelo governo federal para ligar diversos municípios e regiões e não como complemento ou substituição de ruas e avenidas municipais. Cabe às prefeituras criar vias urbanas de ligação nos municípios em que há bairros distantes ou cujos moradores vão frequentemente a outra cidade para compras, estudo ou por outra razão, possibilitando seu deslocamento sem utilizar a rodovia pedagiada, que passa a ser uma alternativa – paga – para quem quer ganhar tempo ou conforto.

A tarifa de pedágio se destina à manutenção da rodovia em condições adequadas de segurança, trafegabilidade e conforto para quem a utiliza a partir de qualquer município, mesmo a curtas distâncias, assim como à ampliação e melhoria dos trechos existentes, e inclui o direito ao atendimento mecânico e pré-hospitalar por todos que trafegam.

**Mito 27**

*O justo é não cobrar pelo eixo suspenso do caminhão*

**Fato**

*Não cobrar pelo eixo suspenso aumenta a tarifa para todos*

Em 2015, o governo federal definiu, pela Lei nº 13.303 (Lei dos Motoristas), alterações no Código de Trânsito Brasileiro (CTB), ao lado de mudanças em vários itens da CLT no que se refere ao horário de trabalho desses profissionais e outros aspectos. As mudanças no CTB envolveram aumento da tolerância ao excesso de peso de 5% para 10% e a não cobrança pelo eixo suspenso de caminhões. A regra anterior estabelecia a cobrança pela categoria do veículo e não pelo número de eixos em contato com o solo em rodovias federais (art. 4º do Decreto-Lei nº 791, de 1969).

Ao reduzir a tarifa para grandes caminhões e aumentar a tolerância para o excesso de peso por eixo, a lei afetou a previsão de arrecadação e aumentou os riscos de acidentes e os custos das concessionárias de rodovias, pois diminuiu o tempo de vida do pavimento. Para reequilibrar os contratos de concessão federais a tarifa precisou subir para todos, incluindo caminhões menores e automóveis.

Embora a medida tenha sido uma das solicitações de caminhoneiros e empresas embarcadoras, eles também são prejudicados. Estudos técnicos mostram que a suspensão de dois ou mais eixos nos veículos com cinco ou mais eixos implica prejuízo para sua estabilidade, ainda que não esteja carregado. Esse é um dos motivos comuns de acidentes em curvas, quando tomba o caminhão sem estabilidade adequada.

Por essas razões, a nova legislação, que se aplica às rodovias federais, não foi seguida nas concessões do estado de São Paulo, mantendo-se a cobrança do pedágio pelo número de eixos dos caminhões que passam pela praça, e não alterando as tarifas dos demais usuários.

**Mito 28**

*Serviços de atendimento aumentam a tarifa e não são importantes*

**Fato**

*Há algum impacto nos custos, mas usuários defendem os serviços*

A obrigação de o operador de rodovias pedagiadas prestar serviços de apoio aos usuários e veículos, como atendimento pré-hospitalar e socorro mecânico, é rara em outros países, alguns dos quais vêm adotando o eficaz modelo brasileiro. Em geral, esses serviços são prestados pelo poder público ou por organizações privadas, com a cobrança de seu custo em separado.

Em 2000, houve proposta para suspender esses serviços nas rodovias federais pedagiadas e reduzir a tarifa, o que levou o Ministério dos Transportes a contratar pesquisa para verificar se os usuários aceitariam o cancelamento do serviço com a consequente diminuição do valor cobrado. A grande maioria dos consultados não admitiu a extinção nem a redução dos serviços prestados em troca de valor menor da tarifa. Outras pesquisas e levantamentos realizados em vários estados, pelos poderes concedentes e pelas concessionárias, mostram que os usuários valorizam, e muito, a prestação dos serviços de atendimento, e estão satisfeitos ou muito satisfeitos com eles.

Uma das diretrizes da ONU para a redução de mortes no trânsito na Década de Segurança 2011-2020 é a rápida remoção dos acidentados para locais onde possam receber cuidados médicos. A importância desse serviço prestado no Brasil é confirmada pelo número de atendimentos realizados anualmente – mais de 2 milhões por problemas mecânicos e mais de 200 mil pré-hospitalares. Acidentes são evitados pela rápida remoção de veículos com problemas e numerosas vidas são salvas pelas ambulâncias, ao atender ou transportar rapidamente, para o hospital mais próximo, acidentados e pessoas com problemas circulatórios ou outros.

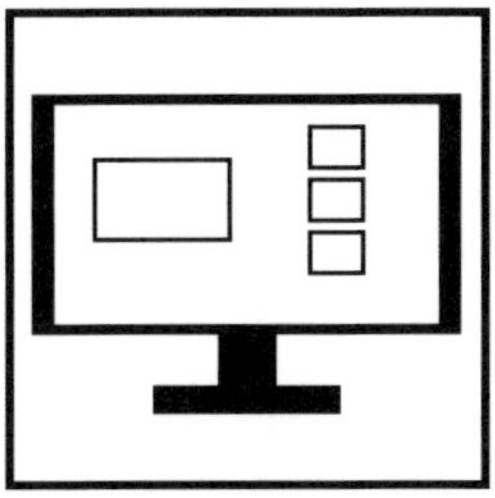

**Mito 29**

*Sem nota fiscal ou recibo, falta fiscalização*

**Fato**

*Há controle pelas agências reguladoras, Receitas estadual, federal e municipal, entre outros*

Algumas pessoas acham que seria preciso nota fiscal para permitir o controle da receita das concessionárias pelo poder concedente e pelo Fisco, método que foi superado pelo uso de sistemas informatizados *online*. Além disso, gostariam de incluir as notas nos programas de incentivo estadual, mas as concessionárias são prestadoras de serviço e não recolhem ICMS, e sim o ISSQN e tributos federais. As receitas e o número e tipo de veículos que passam pelas praças são informados em tempo real ao poder concedente, por meio de sua agência reguladora. Também o Fisco federal e o dos municípios atravessados pela rodovia, que recebem o ISSQN, têm acesso aos dados, para cobrar tributos.

Quem precisa de comprovante pode pedir um recibo nas cabines, que serve de documento hábil para demonstração da despesa. Não se dá recibo a todos, pois, quando isso ocorria, boa parte dos usuários os jogavam na estrada, atitude duplamente negativa do ponto de vista ambiental, pelo desperdício de papel e por sujar a rodovia. A prestação de serviços de atendimento mecânico, de emergência ou outro ao usuário, pela concessionária da rodovia, independe de apresentar recibo, pois esses serviços são disponibilizados inclusive nos trechos em que não existem praças de pedágio (e nem teriam recibos).

Além dos controles por órgãos de governo, a receita das concessionárias que pertencem a grupos com ações em Bolsa faz parte das demonstrações ao mercado. No caso dos usuários que pagam por meio da cobrança eletrônica, as empresas prestadoras desse serviço também realizam seu controle e são, por sua vez, controladas pelo Fisco.

**Mito 30**

*O Código do Consumidor deve ser aplicado às concessionárias*

**Fato**

*A relação de consumo é diferente da prestação de serviços públicos*

A prestação de serviços públicos ou de utilidade pública é feita pelo governo, diretamente ou por delegação a empresas privadas, como nas concessões. Quando há delegação, estabelece-se uma relação trilateral entre poder público, prestador e usuário. O Estado é o responsável perante o usuário, e deve cobrar da empresa privada o cumprimento do contrato de concessão, dentro das condições nele estabelecidas, podendo aplicar penalidades pelo seu descumprimento, que vão desde multas até a caducidade da concessão. É muito diferente da situação regulamentada pelo Código de Defesa do Consumidor, na qual o Estado atua apenas como árbitro e a relação é entre comprador e vendedor (com a possibilidade de envolvimento também do fornecedor primário), e a definição de qualidade, preço e outros aspectos cabe ao fornecedor.

O Código de Defesa do Consumidor, criado em 1990 e depois ajustado em alguns pontos, é importante orientador nas relações de consumo, e melhorou o atendimento a reclamações, à troca ou ao reparo de produtos com problemas, para evitar as penalidades previstas, quando qualidade, prazo, preço ou atendimento não correspondem ao proposto e anunciado pelo vendedor. As empresas foram motivadas a se aperfeiçoar e buscar a melhoria contínua de suas relações com consumidores.

Mas ele não se aplica à prestação de serviços públicos, e o artigo 27 da Emenda Constitucional nº 19/98 prevê um Código de Defesa do Usuário de Serviços Públicos e de Utilidade Pública, que deveria ter sido implantado naquele ano, o que ainda não ocorreu. Esse novo Código vai esclarecer obrigações, serviços e outros aspectos de responsabilidade do prestador, do usuário e do poder concedente ou contratante, que são muito diferentes da relação de consumo. O mesmo se aplica às entidades de proteção ao consumidor (Procon e outras).

**Mito 31**

*Há riscos por sinalização precária nas obras das concessionárias*

**Fato**

*Avisos e indicações existem bem antes e no local em obras*

As concessionárias de rodovias, de modo geral, realizam grande quantidade de obras nos trechos que administram, de acordo com seus contratos. Todos esses locais recebem sinalização horizontal e vertical avisando sobre estreitamento de pista, necessidade de reduzir a velocidade, aumento da atenção, alternativa temporária etc. Adicionalmente, os painéis de mensagem variável e outras formas de comunicação, como rádio-estrada (onde existe), notícias na mídia regional etc., são utilizadas como forma de manter os usuários informados.

Queixas de usuários sobre sinalização se referem, principalmente, ao fechamento temporário de acessos pela necessidade de interromper o tráfego enquanto são construídos novos trevos, retornos e outros investimentos maiores em melhorias. Também no caso de reforma do pavimento, correções nas obras de arte e outras medidas periódicas necessárias para manter a qualidade da rodovia concedida, providências de sinalização são tomadas. Quando o estreitamento ou alteração pode gerar mais riscos, além do reforço da sinalização, são destacados profissionais para orientação e aviso, por meio de bandeirolas e outras formas. O policiamento também é informado sobre o que está sendo planejado e realizado, para possibilitar maior atenção nesses trechos.

O usuário precisa estar muito atento toda vez que utiliza uma rodovia pedagiada, pois, em decorrência da qualidade do pavimento, há sempre quem se mostra imprudente e cria riscos para os demais. Essa atenção precisa ser redobrada quando se trata de trecho em obras, para não perder o desvio alternativo, não precisar realizar freadas bruscas e não gerar problemas para si e para os demais.

## Mito 32

*Concessionárias deveriam impedir animais soltos nas pistas*

## Fato

*Concessionárias sinalizam e capturam, mas é necessária a colaboração do poder público, de proprietários lindeiros e de usuários*

Milhares de animais de criação e milhões de animais silvestres morrem nas pistas de rodovias e estradas vicinais do País, por choque com veículos ou atropelamentos. Nas rodovias pedagiadas, o problema vem sendo reduzido com ampla sinalização e pelo sistema de recolhimento criado pelas concessionárias, que captura anualmente mais de 5 mil animais de criação soltos e os transporta em caminhões adequados. O programa de laçadores criado para recolhê-los já recebeu, inclusive, o prêmio internacional de inovação do IBTTA, organização mundial do setor de concessão de rodovias.

Não cabe às concessionárias realizar esse trabalho, que é de responsabilidade dos proprietários das fazendas vizinhas às rodovias, no caso de animais de criação, e do poder público, nas áreas de preservação. As concessionárias contribuem com informação e suporte, já tendo, inclusive, editado e distribuído um Manual de Cercas, orientando os criadores de bovinos e equinos a construí-las para evitar que seus animais invadam as rodovias. Adicionalmente, constroem cercas nas áreas lindeiras em que há maior risco, tanto de animais domesticados como também dos silvestres, em geral menores e de mais difícil captura.

Para alertar os motoristas, placas especiais são colocadas nos trechos onde, por existirem animais silvestres ou poder haver outros indevidamente soltos, ocorre maior incidência do seu atropelamento. É necessário, no entanto, que os usuários tenham ainda mais atenção nos trechos assinalados com esses avisos, para evitar acidentes e reduzir a grande quantidade de espécies silvestres atropelada anualmente nas estradas do País.

**Mito 33**

*Quando há filas muito longas nas cabines o pedágio deve ser liberado*

**Fato**

*Cobrança é agilizada pelo recebimento manual antes das cabines e usuário pode ajudar separando o valor antes*

Nas vésperas de feriados emendados, comuns no Brasil, ou no início das férias, o tráfego pelas rodovias aumenta muito e, por vezes, formam-se filas longas nas praças de pedágio para os que não possuem um *tag* de pagamento eletrônico, o que também acontece em outros países que ainda usam a cobrança manual. Para reduzir a demora, as concessionárias vêm utilizando diversos meios. Um deles é divulgar pela mídia regional os melhores horários para viajar, pois o problema de excesso de tráfego causa congestionamento em outros locais, além das praças de pedágio.

A utilização de cobradores que recebem a tarifa antes das cabines, apressando a passagem dos veículos, sistema popularmente chamado de come-fila, é outra importante iniciativa das concessionárias para diminuir o desconforto dos usuários nos dias de grande movimento. A ampla divulgação das tarifas de pedágio, nas pistas e nos *sites*, além da imprensa, possibilita aos usuários separar o valor a pagar antes, aumentando a velocidade da cobrança. Infelizmente, mesmo nesses dias em que os usuários sabem que haverá excesso de veículos, muitos chegam à cabine sem o valor certo ou de fácil troco, e outros ainda vão procurar sua carteira ou bolsa só quando chegam ao local de pagamento.

A existência de congestionamentos nos dias em que começa o período de férias ou na véspera de feriados longos não é um problema apenas brasileiro. Ele existe em praticamente todos os países, independente de a rodovia ser pedagiada ou não, e a praça de pedágio é apenas um dos pontos em que isso pode ocorrer. Não há condições de construir estradas suficientemente amplas para atender rapidamente nos dias de pico de movimento e que fiquem ociosas durante a maior parte do tempo.

**Mito 34**

*Usuários constantes deveriam ter desconto na tarifa*

**Fato**

*Serviços e impacto sobre a rodovia são os mesmos a cada passagem*

Em muitos serviços, é possível oferecer aos usuários constantes um desconto de frequência ou fidelidade, pela economia que propiciam na operação. Em outros, isso é mais difícil, pois cada utilização repete o mesmo padrão. É o que acontece nas rodovias, onde cada nova utilização traz o mesmo desgaste e igual risco de acidentes. Quem vai ao cinema sete vezes por semana também paga o mesmo valor de entrada que um frequentador ocasional, que assiste a filmes apenas uma vez por mês.

Nas rodovias pedagiadas, já foram tomadas algumas iniciativas para reduzir o custo da tarifa para os usuários constantes, mas essa mudança traz um impacto no equilíbrio econômico-financeiro do contrato de concessão, quando não prevista. A tarifa é estabelecida com base em uma previsão de tráfego de veículos que permita pagar as obras previstas, a qualidade definida para a operação, além de reembolsar os financiamentos e trazer um retorno para os investidores. Se o valor da tarifa é reduzido para alguns, precisa ser aumentado para outros, de modo a reequilibrar custos e receitas.

Essa diferenciação é muitas vezes solicitada por políticos ou lideranças locais buscando beneficiar seus eleitores de uma localidade, esquecendo-se dos demais usuários, que terão de pagar a diferença. Esquecem-se, ainda, de que será necessário compensar de outra forma a redução das receitas que a concessionária terá em relação à previsão feita para a licitação.

**Mito 35**

*Prorrogação do contrato só beneficia a concessionária*

**Fato**

*A prorrogação permite obras complementares mais rapidamente, sem onerar o poder público e os usuários*

As concessões são feitas por prazos longos e, durante o tempo de sua duração, muitas mudanças não previstas na licitação e nos contratos iniciais exigem novas obras, em função de investimentos relevantes na região atravessada que provocam forte aumento do tráfego, pelo crescimento de acidentes em determinado trecho, para possibilitar ligação mais curta com outra rodovia ou por outro motivo.

Existem três formas de realizar essas novas obras: na primeira, o poder público assume a responsabilidade e contrata a execução, o que vem sendo inviável pela falta de recursos no orçamento público. A segunda forma prevista na regulamentação é o aumento da tarifa de pedágio para possibilitar o reequilíbrio econômico-financeiro do contrato com os novos custos não previstos, o que onera os usuários. E a terceira, que já foi adotada em várias concessões, é a prorrogação do contrato para permitir que o tempo adicional gere os recursos necessários à compensação dos investimentos. Além dessas três alternativas, o poder concedente pode apenas aguardar o final do contrato e realizar outra licitação, com a previsão da obra adicional incluída, o que retarda investimentos, empregos e melhorias.

Assim, a prorrogação dos contratos tem vantagem para os usuários, que não terão sua tarifa aumentada além dos reajustes previstos e disporão de uma rodovia melhor e mais segura. Também é vantajoso para o poder concedente, que vê as obras serem executadas sem precisar utilizar seus recursos, que são escassos.

## Glossário – termos usados

- **Atendimento pré-hospitalar** – Prestação, pelas concessionárias, de serviços de primeiros socorros e remoção de vítimas de acidentes a hospitais nas imediações.
- **Atendimento mecânico** – Ver Socorro mecânico.
- ***Chip*** – Etiqueta eletrônica que reúne informações sobre o veículo e permite a leitura por antenas para cobrança da tarifa de pedágio. Também chamada *tag*.
- **Cobrança eletrônica** – Sistema de cobrança que usa *tags* ou *chips* colocados no veículo, que são lidos por antenas nas cabines de pedágio para débito posterior do valor da tarifa na conta indicada pelo usuário ao contratar esse serviço.
- **Cobrança quilométrica** – Sistema de cobrança em que é verificado eletronicamente, por meio de portais ou por satélite, quantos quilômetros o usuário percorreu e ele paga apenas pelo trecho percorrido, com cobrança posterior. Também chamado sistema ponto a ponto.
- **Concessão de rodovia** – Processo de transferência da gestão e operação da rodovia a um concessionário pelo governo, envolvendo recuperação, manutenção, ampliação, modernização e operação, por determinado prazo, após o qual a rodovia é devolvida nas condições preestabelecidas. É, também, denominada concessão comum, regulamentada pela Lei nº 8.987, de 1995, para diferenciá-la da concessão patrocinada, forma de parceria público-privada criada pela Lei nº 11.079, de 2004.
- **Contrato de concessão** – Pacto assinado pelo poder concedente ou pessoa jurídica competente com a empresa formada pelo vencedor da licitação, que passa a ser o concessionário. Nele estão definidos as obrigações e os direitos do concessionário, do poder concedente e do usuário, incluindo obras a executar, parâmetros de qualidade, valor da tarifa, critério e data de reajuste, localização das praças de pedágio, prazo e demais condições.
- **CTB – Código de Trânsito Brasileiro** – Legislação federal sobre o tráfego de veículos, que se aplica em todo o território nacional.
- **Equilíbrio econômico-financeiro** – Os contratos de concessão definem o que é o risco do concessionário e estabelecem que alterações não previstas nas condições de concessão devem levar à recomposição da equação econômico-financeira do contrato, de modo que se mantenha o equilíbrio original entre previsão de receita e as obrigações do concessionário.
- **Excesso de peso** – Carga por eixo do caminhão superior ao limite previsto pela legislação, uma das principais causas da deterioração das rodovias e das ruas nas cidades, que tem seu efeito aumentado quando associada à pressão excessiva dos pneus.

⇨ **ISSQN** – Imposto sobre serviços de qualquer natureza cobrado pelos municípios, que também incide sobre a tarifa de pedágio. Em geral é de 5%.

⇨ **Licitação** – Processo de concorrência pelo qual se escolhe a empresa que vai administrar a rodovia ou trechos de rodovias a serem concedidos. A licitação pode ser feita com base na proposta de menor tarifa, no pagamento de um valor ao poder concedente (ônus da concessão ou valor de outorga), por propostas de recuperação e manutenção da maior quilometragem de rodovias de acesso, ou ainda por uma combinação dessas alternativas.

⇨ **Pedágio eletrônico interoperável** – Sistema eletrônico de cobrança de tarifa que possibilita o uso da mesma etiqueta eletrônica (*tag*) em diferentes rodovias pedagiadas.

⇨ **Pedágio bidirecional** – Sistema de cobrança em que o usuário paga a tarifa nas duas direções e se contrapõe ao unidirecional, em que a cobrança é feita numa única direção.

⇨ **Pista AVI** – Sistema de cobrança automática da tarifa de pedágio. AVI é a abreviação de *Automatic Vehicle Identification* (identificação automática do veículo).

⇨ **Poder concedente** – Ente federativo (União, Estado, Distrito Federal ou Município) responsável pela rodovia, que transfere, por meio de concessão, a realização das obras e os serviços necessários à sua recuperação, operação, manutenção, ampliação e modernização.

⇨ **Portais** – Instalações colocadas sobre a rodovia a distâncias predeterminadas, que têm antenas de leitura dos *tags* dos veículos para cobrança quilométrica.

⇨ **PPP ou Parceria Público-Privada** – No Brasil, usa-se esta expressão para designar as concessões patrocinadas, regulamentadas pela Lei nº 11.079/2004, nas quais o poder público assume parte do custo como forma de viabilizar uma tarifa adequada. No exterior, PPP é qualquer parceria entre governo e iniciativa privada, que pode assumir diferentes modelos.

⇨ **Praça de pedágio** – Local onde são estabelecidas as cabines de cobrança da tarifa.

⇨ **Socorro mecânico** – Serviço oferecido pelas concessionárias de rodovias, que consiste na realização de pequenos reparos em veículos com problemas, ou sua remoção para local nas imediações onde possam ser atendidos.

⇨ ***Tag*** – Etiqueta eletrônica de identificação – Ver *chip*.

⇨ **Tarifa de pedágio** – Valor pago pelo usuário como contraprestação às obras realizadas e serviços oferecidos na rodovia.

**CONCESSIONÁRIAS ASSOCIADAS À ABCR**

Acciona Concessões Rodovia do Aço S.A.
Autopista Fernão Dias S/A
Autopista Fluminense S/A
Autopista Litoral Sul S/A
Autopista Planalto Sul S/A
Autopista Régis Bittencourt S/A
Autovias S/A
Caminhos do Paraná S/A
Centrovias – Sistemas Rodoviários S/A
Companhia de Concessão Rodoviária Juiz de Fora-Rio
Concessionária Auto Raposo Tavares S/A
Concessionária Bahia Norte S/A
Concessionária BR-040 S/A
Concessionária da Rodovia dos Lagos S/A
Concessionária da Rodovia MG-050 S/A
Concessionária da Rodovia Osório Porto Alegre S/A
Concessionária da Rodovia Presidente Dutra S/A
Concessionária das Rodovias Ayrton Senna e Carvalho Pinto S/A
Concessionária das Rodovias Centrais do Brasil S/A
Concessionária de Rodovia Sul-Matogrossense S.A.
Concessionária de Rodovias do Interior Paulista S/A
Concessionária de Rodovias Minas Gerais Goiás S/A
Concessionária de Rodovias Tebe S/A
Concessionária do Rodoanel Oeste S/A
Concessionária do Sistema Anhanguera-Bandeirantes S/A
Concessionária Ecovia Caminho do Mar SA
Concessionária Ecovias dos Imigrantes S/A
Concessionária Litoral Norte S/A – CLN
Concessionária Ponte Rio-Niterói S.A. – ECOPONTE
Concessionária Rio Teresópolis S/A
Concessionária Rodovia do Sol S/A
Concessionária Rodovia dos Tamoios S.A.
Concessionária Rodovias do Tietê S/A
Concessionária Rota 116 S/A
Concessionária Rota das Bandeiras S/A
Concessionária Rota do Atlântico S.A.
Concessionária SPMAR S/A
Concessionária ViaRio S/A

CRO – Concessionária Rota do Oeste S.A.
ECO101 Concessionária de Rodovias S/A
Ecosul – Empresa Concessionária de Rodovias do Sul S/A
Empresa Concessionária de Rodovias do Norte S/A – Econorte
Linha Amarela S/A – LAMSA
Renovias Concessionária S/A
Rodonorte – Concessionária de Rodovias Integradas S/A
Rodovia das Cataratas S/A
Rodovias das Colinas S/A
Rodovias Integradas do Oeste S/A
Rodovias Integradas do Paraná S/A
Rota dos Coqueiros S/A
Transbrasiliana Concessionária de Rodovias S/A
Triângulo do Sol Auto-Estradas S/A
VIABAHIA Concessionária de Rodovias S/A

**EXPEDIENTE**

**Presidente-Executivo**
César Borges

**Coordenação**
Flávio Freitas e Raul Viana

**Organização e redação**
Mario Ernesto Humberg

**Edição**
Fabio Humberg

**Capa e Projeto Gráfico**
Rabiscos

**Ilustrações**
Osires

**Revisão**
Nestor Brueghem

**Dados Internacionais de Catalogação na Publicação (CIP)**
**(Câmara Brasileira do Livro, SP, Brasil)**

Pedágio : mitos e fatos / [organização Mario Ernesto Humberg]. -- 5. ed. rev. e atual. -- São Paulo : Editora CLA, 2017.

ISBN: 978-85-85454-76-0

1. Pedágios rodoviários - Brasil 2. Rodovias - Brasil I. Humberg, Mario Ernesto.

17-06850 CDD-388.1140981

**Índices para catálogo sistemático:**

1. Brasil : Pedágios rodoviários : Transportes 388.1140981

Texto em conformidade com o Acordo Ortográfico da Língua Portuguesa de 1990, que entrou em vigor no Brasil em 1º de janeiro de 2009.

**Uma publicação de:**
Editora CL-A Cultural Ltda.
Rua dos Pinheiros, 245 – cj. 21
05422-010 – São Paulo – SP – Tel.: (11) 3766-9015
E-mail: editoracla@editoracla.com.br
www.editoracla.com.br